TUER

POUR LE PLAISIR

L'édition originale de cet ouvrage
a paru sous le titre: *Killing for Luxury*
Copyright © Aladdin Books Ltd, 1988
70, Old Compton Street, London W1

Adaptation française de Jeannie Henno
Copyright © Éditions Gamma, Tournai, 1989
D/1989/0195/40
ISBN 2-7130-0998-7
(édition originale: ISBN 0 86313 616 3)

Exclusivité au Canada:
Les Éditions Héritage Inc.
300, avenue Arran, Saint-Lambert, Qué, J4R 1K5
Dépôts légaux, 4ᵉ trimestre 1989
Bibliothèque nationale du Québec
Bibliothèque nationale du Canada
ISBN 2-7625-5348-2

Imprimé en Belgique

La photo de la première page de couverture montre un guépard, félin chassé pour sa fourrure tachetée et qui est maintenant protégé; celle de la dernière page, un porte-clefs acheté en Thaïlande et fait avec une tête de crocodile.

Sommaire

TUER
POUR LE PLAISIR

Michael Bright - Jeannie Henno

ÉDITIONS GAMMA - ÉDITIONS HÉRITAGE INC.

Introduction

De tout temps, l'homme a tué des animaux, principalement pour se nourrir et se vêtir, mais rien n'était perdu; les os, par exemple, servaient à fabriquer des ustensiles de ménage ou des bijoux. Aujourd'hui, des millions d'animaux sont tués chaque année uniquement pour que des gens riches puissent satisfaire leur goût de luxe, afficher leur statut social ou renforcer leur image machiste.

Les animaux paient un lourd tribut à la vanité humaine. Certains, capturés dans la nature, sont maintenant élevés en captivité uniquement pour leur fourrure, leur peau ou une sécrétion odorante. Les souffrances entraînées par la perte de liberté peuvent-elles se justifier dans ce cas? Parfois, c'est l'acte de tuer lui-même qui est devenu un luxe, comme dans les safaris africains.

▽ La fourrure blanche du phoque du Groenland âgé de moins de six semaines est très recherchée. Des dizaines de milliers de ces jeunes phoques, appelés blanchons, sont frappés à mort chaque année par des chasseurs norvégiens et terre-neuviens. En 1968, sous la pression de l'opinion publique, l'importation de peaux de phoque a été interdite dans le Marché commun. Cette interdiction a pratiquement mis fin au marché.

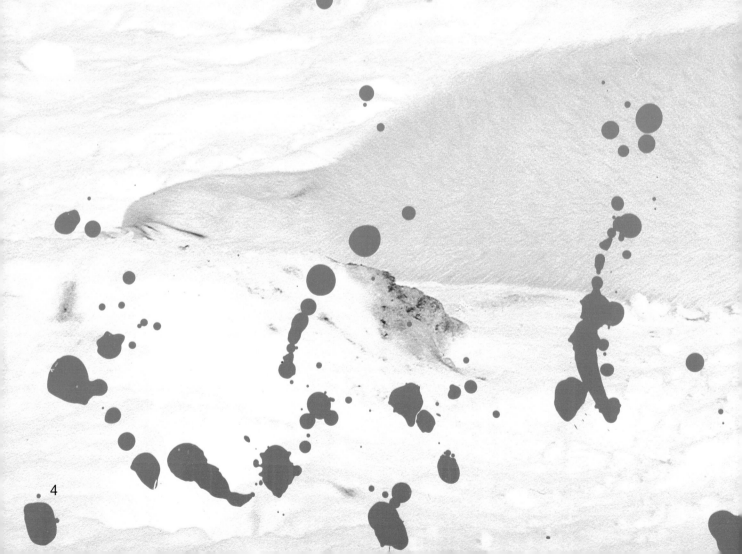

△ Les Inuit (Esquimaux) tuent aussi des phoques. Cette chasse traditionnelle assure partiellement leur survie. Toutefois, certains demandent qu'elle soit également interdite.

De nombreux animaux sauvages recherchés par le commerce de luxe ont été massacrés en si grandes quantités qu'ils sont menacés d'extinction. Il est devenu indispensable de les protéger. Un dilemme se pose parfois: qui devrait avoir la priorité, les populations autochtones qui doivent tuer des animaux, même rares, pour assurer leur survie ou les espèces rares elles-mêmes? Une Convention sur le commerce international des espèces sauvages de faune et de flore menacées d'extinction a été signée en 1973, à Washington, pour permettre de contrôler le commerce des productions animales. Néanmoins, beaucoup d'animaux sauvages sont encore abattus et vendus illégalement alors que leur espèce est en voie d'extinction, comme c'est le cas pour les éléphants et les rhinocéros.

Des pièges meurtriers

Derrière l'élégante façade de la puissante industrie de la pelleterie se cache la réalité du massacre. Chaque année, des millions d'animaux piégés connaissent une mort lente. Pris le plus souvent par la patte ou par le cou dans des pièges à mâchoires, des collets, des trappes ou des lacets, les animaux ne seront parfois abattus ou étranglés qu'après plusieurs jours de souffrances. Un lynx d'Alaska a survécu six semaines, des membres de sa famille lui apportant à manger. Les pièges sont non seulement cruels, mais, en outre, ils fonctionnent sans discernement. Les animaux capturés de la sorte bien que n'étant pas visés – aigles, hiboux, cygnes ou animaux familiers – sont rejetés comme «déchets».

La pelleterie
Aux États-Unis, malgré les campagnes antifourrure, le commerce a triplé au cours des dix dernières années, principalement parce que les hommes sont de plus en plus nombreux à suivre la mode et à trouver moralement acceptable de porter un manteau de fourrure. La Fédération américaine de la fourrure estime que 10% des peaux proviennent d'animaux sauvages. Dans tous les pays, les fourreurs insistent sur leur rôle économique.

▽ Ci-dessous, le piège le plus communément utilisé en Amérique du Nord. Les mâchoires métalliques se referment dès qu'un animal marche sur le mécanisme. L'effet est le même que lorsqu'une portière de voiture se referme sur la main. Pour se libérer et échapper à une agonie interminable, l'animal désespéré va parfois jusqu'à s'amputer du membre emprisonné.

▷ Des milliers de renards roux (à droite) sont tués chaque année en Europe pour leur fourrure. Beaucoup sont piégés ou empoisonnés illégalement. Des blaireaux, animaux protégés, sont souvent victimes de pièges qui ne leur sont pas destinés.

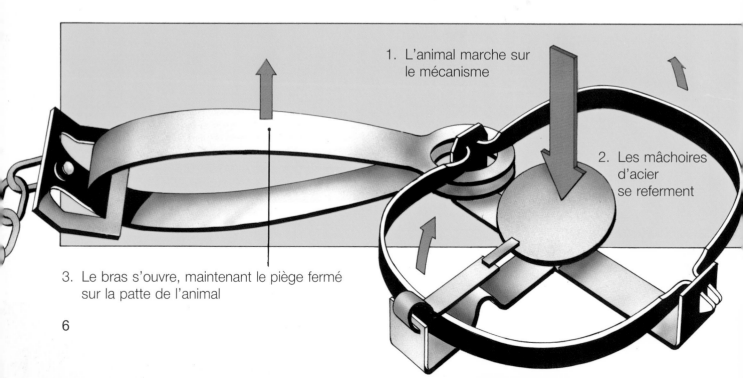

1. L'animal marche sur le mécanisme

2. Les mâchoires d'acier se referment

3. Le bras s'ouvre, maintenant le piège fermé sur la patte de l'animal

▷ Cette photographie a été utilisée par le LYNX, une association de défense des droits de l'animal, dans sa campagne antifourrure.

Les habitants des territoires bordant l'Arctique sont tributaires de la chasse aux animaux à fourrure. Certains craignent qu'une interdiction affecte sérieusement les Inuit et les communautés isolées du Canada. D'autres estiment que cette chasse traditionnelle assure l'équilibre de la nature en gardant sous contrôle la population de ces espèces animales.

Certains pays condamnent la chasse et les pièges, ces instruments diaboliques qui causent des souffrances intolérables, mais continuent néanmoins à importer des peaux. Il va de soi que les ventes de fourrure chuteraient si les campagnes des défenseurs des animaux finissaient par porter leurs fruits.

Les fermes d'élevage

La plupart des fourrures travaillées proviennent non d'animaux sauvages, mais de visons, zibelines, renards, etc., enfermés dans les petites cages de fermes d'élevage. Ces éleveurs particuliers font des affaires florissantes. En Finlande, on compte 6 500 fermes de ce type. Les plus grandes produisent jusqu'à 46 000 peaux de renards et 500 000 peaux de visons par an.

Ces dix dernières années, la production mondiale a quadruplé. Le fait est que, pour beaucoup, la possession d'un manteau de véritable fourrure est considérée comme un symbole du statut social. Au Texas, il en est même qui portent leur fourrure en plein été. Dans les pays nordiques, cependant, on estime que la fourrure est le meilleur isolant contre le froid.

«Je ne comprends pas ce qu'il peut y avoir d'attirant à porter un animal mort. Je n'ai jamais possédé de fourrure et je n'en ai vraiment pas envie. Je préférerai toujours voir la fourrure sur le dos de l'animal.»

Marie Helvin, mannequin

△ Quand sa fourrure sera bien épaisse, ce vison d'un élevage canadien sera asphyxié par des gaz d'échappement, électrocuté ou piqué. La mort serait instantanée... mais cela n'a jamais été prouvé.

△ Les vigognes (ci-dessus), qui vivent au Chili et au Pérou, sont apparentées aux lamas. Leur population, autrefois très abondante, a fortement décliné après l'invasion espagnole, les conquérants tuant les vigognes pour leur laine fine, fort estimée. Les Incas, qui vivaient au Pérou avant l'arrivée des Espagnols, avaient jusqu'alors tondu les vigognes sans les tuer. Aujourd'hui, les vigognes sont sévèrement protégées. Les troupeaux sont rassemblés dans des «ranches» de montagne où les bêtes sont tondues de la manière traditionnelle.

Les éleveurs d'animaux à fourrure réagissent aux accusations portées contre eux: «Nos animaux deviennent des animaux domestiques. Leur taille et leur capacité à se reproduire, toujours en augmentation, prouvent que les conditions d'élevage sont optimales. Dans le cas contraire, les fourrures seraient moins belles.»

En fait, les animaux, emprisonnés dans de petites cages au plancher en treillis métallique, ne peuvent jamais s'ébattre à l'extérieur. Les éleveurs craignent qu'ils salissent et abîment leur fourrure. Et, contraints à la captivité, ces animaux des grands espaces deviennent agressifs, voire fous. Quelque 20% ne résistent pas à ces conditions de «vie» et meurent rapidement, causant de lourdes pertes aux éleveurs.

En point de mire

Chasseurs, la plupart des grands prédateurs sont devenus gibier. Des braconniers tirent, piègent ou empoisonnent certains des animaux les plus rares au monde uniquement pour permettre la confection de luxueux manteaux de fourrure. Les peaux des félins tachetés, par exemple, sont particulièrement recherchées et leur prix élevé encourage le braconnage. Parfois, la législation complique, voire aggrave la situation. Les peaux d'espèces protégées déclarées avant l'introduction des restrictions peuvent continuer à être vendues, ce qui permet souvent de cacher la poursuite du braconnage et le trafic. Des félins tachetés, tel le léopard des neiges, sont chassés illégalement par des tribus nomades de l' Himalaya et leurs peaux passées en fraude au Cachemire où elles sont vendues parmi des peaux légalement acquises, ou acheminées, en fraude, vers le Japon ou l'Europe.

Dans d'autres régions du monde, ours polaires, loups, kangourous, tigres, phoques, zèbres laissent leur peau aux chasseurs. Des peaux de grand panda, cet animal extrêmement rare qui est le symbole de la conservation, ont même fait l'objet d'un trafic entre la Chine et Taiwan.

«Depuis longtemps, nous ne mangeons plus de cervelle humaine pour acquérir la sagesse; sommes-nous encore primitifs au point de porter des peaux d'animaux pour parfaire notre beauté?»

Joanna Lumley, femme de lettres et actrice

◁ Le guépard (ci-contre) est encore toujours la cible de braconniers. Il n'en reste que 25 000 environ. Pourtant, 5 000 peaux sont vendues chaque année.

Chaque année, quelque 700 000 peaux d'animaux sauvages sont commercialisées légalement. Les deux tiers proviennent de petits félins tachetés. Quant au commerce illégal, il est peut-être plus important encore. Les trafiquants ont découvert divers moyens de cacher l'origine et la destination des peaux illégales, notamment en les faisant transiter par un pays tiers où elles acquièrent des documents parfaitement en règle. Cette opération est appelée le «blanchissage».

Une fausse déclaration, quant à l'espèce, au pays d'origine, au but d'importation, permet aussi de tricher. Il y a quelques années, un chargement de peaux de guépard fut intercepté à Hong Kong sur un vol à destination de la Suisse; les documents mentionnaient «vison italien»!

▽ La plupart des félins tachetés sont protégés; pourtant, on trouve toujours, dans les boutiques de mode, à Munich comme à Tokyo, de coûteux manteaux en léopard, en provenance de Chine et d'Afrique, en léopard des neiges, d'Asie, en ocelot, jaguar, chat-tigre et margay, d'Amérique du Sud. Un an après l'interdiction d'exporter des peaux de félins tachetés, le Paraguay en vendit encore 95 000 à la République fédérale allemande.

Les grands félins

Les grands félins (lion, tigre, léopard, jaguar, léopard des neiges, léopard longibande, guépard) et les petits félins (lynx, chat à queue courte, puma, ocelot, serval, caracal, etc.) sont tous carnivores. Ces prédateurs sont au sommet de chaînes alimentaires et sont eux-mêmes peu menacés, si ce n'est par l'homme. La chasse intensive des tigres et des ocelots pour le commerce de leurs peaux a amené ces espèces au bord de l'extinction. Les tigres sont protégés depuis 1972. Grâce à cette mesure, leur population se reconstitue peu à peu.

▽ Ci-dessous, un léopard indien. Parmi les félins, c'est l'espèce la plus largement disséminée puisqu'on la trouve dans tout le sud de l'Asie et en Afrique. Le léopard est un animal solitaire. Chasseur nocturne, il se met à l'affût sur une branche ou poursuit sa proie à très grande vitesse avant de la déposer dans un arbre où elle sera à l'abri des lions et des hyènes.

Le léopard

Le mâle peut atteindre 1,90 m, plus la queue longue d'un mètre, mesurer 80 cm au garrot et peser quelque 90 kilos. La femelle est deux fois plus petite. Dans la nature, le léopard peut vivre douze ans, mais en captivité, il peut atteindre vingt ans.

▷ La couleur et le dessin de la fourrure des félins varient selon l'habitat. Le ton de base est brun, gris ou jaune doré avec des cercles ou des ocelles plus foncés.

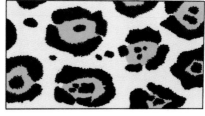

△ Jaguar

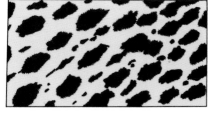

△ Guépard

Le lynx

L'adulte peut mesurer 1 m de long, atteindre 75 cm au garrot et peser 38 kilos. Le lynx vit de 12 à 15 ans. Le chat à queue courte d'Amérique du Nord a des oreilles moins pointues et des pieds plus petits.

△ La fourrure brun jaunâtre tachetée de clair du lynx nordique lui permet de passer inaperçu dans une forêt de conifères.

Ce lynx vit dans les forêts boréales d'Asie septentrionale et d'Amérique du Nord ainsi qu'en Scandinavie. Grâce à ses longues pattes, il court aisément dans la neige profonde, ce qui lui donne un avantage sur les animaux plus pesants.

◁ Le léopard des neiges vit dans les montagnes du sud de l'Asie. En hiver, sa fourrure est longue et épaisse. Ses mœurs sont peu connues car il est nocturne, solitaire et craintif.

Le léopard des neiges

Les grands individus peuvent atteindre 1,30 m. La queue a une longueur d'un mètre. La hauteur au garrot est de 60 cm. L'animal, qui pèse près de 75 kilos, peut vivre quinze ans en captivité.

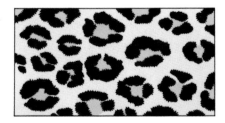

△ Léopard

△ Léopard des neiges

△ Léopard longibande

Un cuir apprécié

Les peaux des bovins et des porcins ne sont pas les seules à nous fournir du cuir. Serpents, crocodiles, lézards, autruches et requins sont aussi abattus pour leur peau épaisse qui sera transformée en chaussures, sacs ou vêtements à la mode. Ce commerce est en grande partie illégal. C'est ainsi qu'en 1986, le Salvador a exporté 134 000 peaux de caïman alors qu'on n'y compte que 10 000 crocodiliens; la plupart des peaux proviennent donc de pays, comme Panama ou la Colombie, où ce commerce est limité.

La chasse au caïman s'effectue comme une opération militaire. Des hélicoptères équipés de phares mobiles survolent de nuit lacs et cours d'eau écartés. Les animaux ainsi attirés sont abattus d'un coup de fusil entre les yeux, pour éviter d'abîmer la peau, et les cadavres ramassés le lendemain. Face à ces bandes organisées, les unités antibraconnage ne font pas le poids.

▽ C'est le requin qui fournit le cuir le plus solide. La plupart des requins sont pris par des pêcheurs mexicains (ci-dessous à gauche) qui envoient les peaux séchées (en bas, à droite) aux États-Unis où elles seront tannées. Autrefois, les ébénistes les utilisaient pour polir le bois et les escrimeurs en recouvraient la poignée de leur épée pour empêcher leur main de glisser. Actuellement, ces peaux servent surtout à fabriquer des souliers et des bottes de cow-boy. Les requins sont encore très nombreux et, jusqu'à présent, aucune limitation n'est fixée à leur pêche. La question est toutefois à l'étude car une espèce qui se reproduit peu et vit dans une zone délimitée pourrait être aisément anéantie.

Il est difficile de limiter le commerce des peaux de reptiles car les pays concernés s'entendent souvent pour contourner les règlements et déjouer les contrôles. Les principaux importateurs (France, Japon, Italie et Allemagne fédérale) reçoivent des millions de peaux chaque année, principalement en provenance d'Asie et d'Amérique du Sud. L'Italie réexporte 90% des peaux tannées, en majeure partie vers les États-Unis.

Des crocodiles sont maintenant élevés dans des fermes spécialisées. Mais les conservateurs estiment que le commerce de leurs peaux encourage la poursuite du braconnage. Comment, en effet, distinguer une peau d'élevage de celle d'un crocodile abattu illégalement? Pour rencontrer cette objection, la Papouasie-Nouvelle-Guinée marque au fer les peaux d'élevage.

△ Les sacs ci-dessus sont en peaux de varan. Les peaux en provenance du Bangladesh, d'Indonésie et du Pakistan sont acheminées en fraude au Japon. Les peaux de serpent ont également beaucoup de succès. Les trafiquants recourent à des méthodes simples mais ingénieuses pour faire sortir les peaux dont le commerce est illégal. Sur 400 boîtes de noix de cajou expédiées de l'Inde vers Singapour, 140 seulement contenaient vraiment des noix; les autres abritaient des peaux de serpent valant 1,6 million de dollars (près de 10 millions de francs français).

Les crocodiliens

Crocodiles, alligators, caïmans et gavials sont de la famille des dinosaures qui disparurent il y a quelque 65 millions d'années. Ils ont survécu, pratiquement sans changer, aux grands bouleversements. Malheureusement, l'homme les a presque exterminés en une centaine d'années seulement. Les crocodiliens sont des animaux intelligents, au cerveau développé. Les yeux et les narines placés sur le sommet de la tête affleurent lorsqu'ils sont immergés. Ces prédateurs sont donc bien adaptés au milieu aquatique.

Le caïman à lunettes
Ce caïman d'Amérique du Sud, qui peut atteindre plus de deux mètres du museau au bout de la queue, vit dans les bassins de l'Orénoque et de l'Amazone. Il grandit de 30 cm par an et peut vivre de 75 à 100 ans.

△ Le caïman à lunettes (ci-dessus) doit son nom à l'arête osseuse qui joint les orbites des yeux. L'adulte se nourrit d'escargots aquatiques géants, de piranhas et de tout animal qui passe à sa portée. Durant le jour, le caïman se cache dans les roseaux ou se chauffe paresseusement au soleil. Il chasse de nuit. Pour compter la population de caïmans, les chercheurs munis de torches au magnésium s'aventurent de nuit dans les marécages; ils repèrent les bêtes grâce à leurs yeux qui brillent dans l'obscurité. Les braconniers recourent aussi à cette technique! Le caïman à lunettes fournit les 3/4 des 2 millions de peaux de crocodiliens vendus légalement chaque année. Le Paraguay, la Bolivie et le Brésil en exportent en fraude un autre million, vers l'Italie surtout. Les peaux y seront transformées en luxueux sacs à main.

Le crocodile du Nil

Il peut mesurer jusqu'à 6 m de long, peser quelque 1 000 kilos et vivre plus de 50 ans dans la nature (plus de 100 ans pour les plus grands individus). Il s'attaque à l'homme et fait de nombreuses victimes chaque année.

△ Le crocodile du Nil vit sur les berges des fleuves dans la majeure partie de l'Afrique. La femelle enterre ses œufs dans le sable et garde le nid durant l'incubation. Au moment de l'éclosion, elle aide les bébés crocodiles à s'extraire du sable, puis elle les transporte dans sa gueule jusqu'à l'eau. Ils passeront les trois premiers mois de leur vie dans un bassin d'eaux calmes. En cas de danger, leur mère pousse un grognement et tous plongent aussitôt.

◁ Voici la peau d'un crocodile marin. Ce géant, qui mesure plus de six mètres, vit le long des côtes d'Australie et d'Asie du Sud-Est. Il est particulièrement dangereux.

Beauté et cruauté

De tout temps, la nature a fourni à l'homme divers ingrédients nécessaires à la fabrication de médicaments, potions, parfums ou cosmétiques. Des millions d'animaux sont morts parce que l'homme croyait, à tort, que certaines parties de leur corps avaient des propriétés magiques, pouvaient guérir des maladies, cicatriser les plaies, rendre une personne plus belle ou plus désirable. Certains y croient encore. Les traditions ont la vie dure, surtout lorsque d'énormes intérêts sont en jeu.

L'industrie des produits cosmétiques, qui brasse d'énormes capitaux, a pris une importance considérable. Toutefois, l'opinion publique exerce des pressions de plus en plus fortes pour que les animaux ne soient plus exploités dans des buts frivoles, d'autant qu'il existe maintenant des substituts synthétiques aux produits d'origine animale. Une firme célèbre a créé une ligne de soins rien qu'avec ces substituts et sans tester ses produits sur des animaux.

▽ Nombreux sont les opposants à l'expérimentation des cosmétiques sur des animaux et au massacre d'animaux sauvages. Le chevrotain porte-musc a été la principale victime de l'industrie des cosmétiques. Ce chevrotain, qui vit en Sibérie, en Chine et au Tibet, est maintenant plus sévèrement protégé car la survie de l'espèce était gravement menacée.

Glandes à musc
(mâles uniquement)
Autres glandes odorantes

Le mâle du chevrotain porte-musc est au centre du conflit d'intérêts qui oppose les conservateurs de la vie sauvage et l'industrie cosmétique. Des braconniers abattent le chevrotain pour sa glande à musc qui contient un des plus précieux produits de la nature. Prélevée et séchée, elle servira à la fabrication de parfums, bien que des substituts existent, ou aura un usage médical : boissons de «force vitale», toniques pour enfants, sédatifs pour le traitement de l'asthme et de l'épilepsie, stimulant en cas de bronchite ou de pneumonie, voire aphrodisiaque. En Inde, les médecins des campagnes l'utilisent comme stimulant du cœur et des nerfs et pour soigner les morsures de serpents. La survie de l'espèce est menacée.

Des chevrotains sont élevés en captivité et leurs glandes «traites», mais les sécrétions ainsi obtenues sont, paraît-il, de moins bonne qualité.

△ Ces flacons contiennent des larmes de jeunes dugongs, ou vaches marines, censées apporter chance, prospérité et succès en amour... Les mères sont abattues pour leur chair; les jeunes sont épargnés et leurs larmes prélevées alors.

▽ L'huile de civette est utilisée en médecine et en parfumerie. La civette (photo ci-dessous) est souvent abattue, bien que ce ne soit pas nécessaire pour extraire l'huile.

Cornes et défenses

En Afrique et en Asie, les cinq espèces de rhinocéros ont été quasi exterminées par les braconniers. Au cours des vingt dernières années, leurs populations ont été réduites de 85%. La corne sert notamment à fabriquer des manches de poignard. Réduite en poudre, elle est utilisée en Extrême-Orient pour combattre la fièvre ou comme base d'une potion censée augmenter le désir sexuel. On dit que la corne de rhinocéros vaut son pesant d'or. Des tests ont pourtant montré à suffisance qu'elle n'a aucune valeur médicinale.

Bien que la corne de l'antilope saïga soit offerte comme substitut, la demande de corne de rhinocéros ne diminue pas et l'avenir de l'espèce est gravement compromis.

▽ Ces gardes d'un parc détachent la corne d'un rhinocéros mort des suites d'une bataille. La corne sera remise au gouvernement pour empêcher sa commercialisation.

Malgré ces précautions, des cornes de rhinocéros parviennent quand même sur le marché. Ci-dessous, à gauche, corne d'un rhinocéros noir d'Afrique, une espèce très rare, trouvée chez un commerçant de Singapour. Il ne reste que quelque 11 000 rhinocéros en Afrique et 3 000 environ en Asie. Le point critique semble, hélas, être déjà dépassé.

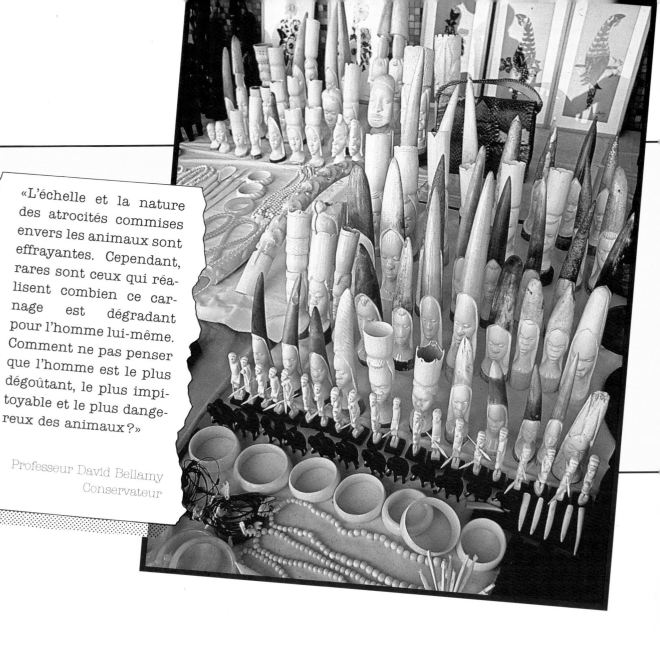

> «L'échelle et la nature des atrocités commises envers les animaux sont effrayantes. Cependant, rares sont ceux qui réalisent combien ce carnage est dégradant pour l'homme lui-même. Comment ne pas penser que l'homme est le plus dégoûtant, le plus impitoyable et le plus dangereux des animaux?»
>
> Professeur David Bellamy
> Conservateur

En Afrique, des chasseurs d'ivoire abattent des familles entières d'éléphants au moyen d'armes automatiques sophistiquées. D'autres bêtes, touchées par des flèches empoisonnées, agonisent dans de longues souffrances. Le plus souvent, la carcasse pourrira sur place; les défenses seules sont précieuses. L'ivoire des défenses a tant de valeur qu'il remplace parfois l'argent en tant que monnaie dans certains pays.

Les défenses de 70 000 éléphants, la plupart braconnés en Afrique centrale (plus de 1 000 tonnes d'ivoire brut), sont commercialisées chaque année. La majeure partie est acheminée vers Hong Kong et le Japon où l'ivoire sera sculpté en bibelots et objets d'art ou amassé comme investissement.

△ Les défenses, les statuettes et bijoux d'ivoire ci-dessus ont été photographiés dans un magasin au Gabon. Mais c'est le Japon qui est le plus grand importateur d'ivoire. Ces dernières années, l'ivoire est de moins bonne qualité. Les éléphants sauvages devenant rares, les bandes organisées de braconniers s'en prennent même aux éléphanteaux dont les défenses sont pourtant bien petites. En cas de guerre, l'ivoire est échangé contre des armes.

Trophées et bibelots

◁ Le commerce d'animaux empaillés, de peaux, d'ivoire brut, de coquillages et de coraux du Sud-Est asiatique, d'Hawaii et des Seychelles, de papillons de Taiwan, d'éponges de la Méditerranée et des Caraïbes et de sacs à main en peaux d'autruches d'élevage fabriqués au Japon est d'une importance considérable. Les États-Unis importent légalement chaque année 130 millions d'objets de ce genre. Les importations illégales qui y sont saisies annuellement se chiffrent à plus de 7 millions de dollars (plus de 42 millions de francs français).

◁ Ce cendrier fait avec un crâne de tigre a été vu à Bangkok.

Dans de nombreuses parties du monde, y compris l'Europe et les États-Unis, la possession d'un objet fait avec une partie d'un animal sauvage est encore considérée comme le symbole d'un certain statut social et est donc censée impressionner amis et voisins. Certains, qui rêvent d'aventures, satisfont ainsi leur goût d'exotisme. Beaucoup achètent ces objets sans penser aux souffrances causées aux animaux et aux conséquences de leur mort. Prenons l'exemple des têtes de gorille qui sont vendues bourrées et montées. Souvent, c'est le mâle dominant qui est abattu. Sans son influence, la structure du groupe s'effondre et il est probable que le reste de la famille mourra bientôt aussi.

L'assortiment d'objets de ce genre est des plus variés: main de gorille comme cendrier, pied d'éléphant comme tabouret, peau de tigre comme couverture, chat-léopard empaillé, etc. On vend aussi des souvenirs de moindre importance, comme un rond de serviette recouvert de peau de lézard ou un collier en dents de requin.

L'importateur justifie parfois sa demande. La France, par exemple, déclare qu'elle a besoin de grandes quantités de carapaces de tortues pour fabriquer des lunettes destinées à ceux qui sont allergiques aux produits synthétiques. Mais n'est-ce pas une façon de déguiser un marché de luxe?

«Nous avons la preuve que le trafic de la drogue et le commerce illégal de produits venant de la nature sont contrôlés par la même mafia latino-américaine.»

Manfred Niekisch, Traffic (réseau de contrôle de l'application de la convention de Washington), Allemagne fédérale

Des mets de luxe

Les Inuit abattent encore les très rares globicéphales qu'ils mangeront le Jour de l'action de grâce et à la Noël. Cette chasse «traditionnelle», mais au moyen d'armes à feu modernes, est-elle encore vraiment nécessaire à leur survie?

Partout dans le monde, des gourmets blasés recherchent des mets rares. La viande de baleine figure à la carte des meilleurs restaurants au Japon, en Norvège et en Islande. Les Allemands peuvent acheter facilement un steak d'un animal qui sort de l'ordinaire: éléphant, tigre, lion, ours, python, crocodile, tapir, antilope... Chaque année, plus de 100 000 animaux exotiques, souvent très rares, sont passés en fraude de la Chine à Hong Kong.

Cette demande de mets inhabituels est lourde de conséquences pour la vie sauvage.

«Les grenouilles contrôlent la population des insectes. Le pays dépense des sommes considérables pour l'importation d'insecticides alors qu'il ne fixe aucune limite au massacre des grenouilles destinées à l'exportation...»

Professeur Zakir Hossain
Université de Dacca

◁ Le foie gras est un mets recherché. Pour que leur foie ait la taille et la consistance souhaitées, les oies sont gavées, c'est-à-dire nourries de force et en grande quantité. Il existe une controverse sur le point de savoir si cette pratique est cruelle ou pas, mais la question ne se pose pas en ce qui concerne les cuisses de grenouilles: elles sont tranchées sur des bêtes vivantes.

Quelques restaurants de luxe de Macao et de Hong Kong offrent la possibilité d'un festin coûteux, illégal et surtout cruel. On force un jeune singe à boire de l'alcool, puis on l'attache dans une cage spéciale. La cage est placée sous une table trouée en son centre de sorte que la tête du singe puisse dépasser. Les convives mangent alors la cervelle du singe vivant.

Européens et Américains sont horrifiés par cette cruauté, mais leur conception de la cruauté n'est pas universelle. Les façons de traiter les animaux sont jugées différemment selon les cultures.

D'aucuns peuvent juger cruel de faire bouillir des homards vivants ou de manger des cuisses de grenouilles, comme cela se pratique couramment en Europe ou en Amérique du Nord, ou encore s'alarmer de la pêche intensive qui risque d'anéantir complètement plusieurs espèces marines.

▽ Des tortues sont élevées dans des fermes spécialisées pour leur chair qui donne de délicieux consommés. Afin qu'elles restent fraîches, elles sont souvent retournées sur le dos durant des heures. La plupart des espèces sauvages sont en danger. Certains estiment que l'élevage ne fait qu'encourager le braconnage de tortues sauvages.

Des victimes ailées

De tout temps, les oiseaux, nombreux et faciles à attraper, ont été considérés comme un aliment de choix. En Europe, les paysans amélioraient leur menu avec des oiseaux chanteurs, mais cette chasse n'avait que peu d'impact sur les populations de la gent ailée. De nos jours, les ortolans, les pâtés d'alouette et de grive sont très prisés dans les restaurants de luxe et la chasse a tourné au massacre. Au printemps, des centaines de millions d'oiseaux migrateurs périssent, tirés, pris au filet ou dans des pièges à ressort ou encore englués sur des perches. Souvent, ce massacre sans discernement s'effectue pour le seul plaisir du sport. Trente millions d'oiseaux sont abattus annuellement en Espagne, plus encore en France et en Italie. Malte, Chypre, le Liban, le Portugal et la Grèce ne sont pas en reste.

Dans le sud-ouest de la France, le tir à la palombe mobilise des dizaines de milliers de chasseurs. Tapis dans des abris surélevés, ils abattent les oiseaux un à un sans tenir compte d'une directive de la Communauté européenne qui demande instamment aux États membres de protéger les migrateurs. Mais les chasseurs méditerranéens forment un véritable groupe de pression et ne se gênent pas pour passer outre l'interdiction.

«Selon moi, la destruction gratuite et désinvolte de la vie sauvage est une offense non seulement contre la nature, mais aussi contre la civilisation.»

Bill Oddie,
Animateur et ornithologue

▽ L'étourneau (à gauche) attaché à une branche sert de leurre. Il bat des ailes dans l'espoir de se libérer et attire ainsi d'autres oiseaux qui sont alors tués. Les étourneaux ci-dessous ont été victimes de leur curiosité dans le nord de l'Italie.

Dans un passé récent, plusieurs espèces d'oiseaux ont disparu totalement, massacrées par les chasseurs. L'exemple le plus frappant est celui du pigeon migrateur. Extrêmement nombreux en Amérique du Nord – des centaines de millions sillonnaient le ciel en rassemblements immenses – ils furent chassés sans répit jusqu'au dernier, abattu en 1900. Aujourd'hui, la destruction des habitats menace de nombreuses espèces. Une chasse intensive pourrait les mener d'autant plus facilement au bord de l'extinction.

△ Voici de jeunes salanganes à croupion gris, de Malaisie. Leur nid, constitué partiellement de salive séchée, est le principal ingrédient du potage dit de nids d'hirondelle apprécié par de nombreux gourmets. Seuls les nids désertés devraient être pris, mais, souvent, les ramasseurs jettent les oisillons hors des nids occupés. Les nouveau-nés seront dévorés par des insectes à même le sol de la caverne.

«La population de la plupart des espèces de mammifères et d'oiseaux chassées par l'homme est plus importante que si ce sport devait être interdit.»

Professeur Kenneth Mellanby, ancien directeur d'Ecologie terrestre
(Grande-Bretagne)

Chasseurs et chassés

Face au massacre des animaux sauvages, les attitudes varient grandement en fonction des diverses cultures. Pour certains, c'est simplement une nécessité alimentaire. Pour d'autres, c'est un moyen de s'enrichir rapidement ou de maintenir les traditions. En Amérique du Nord et en Europe septentrionale, c'est l'excitation et le plaisir de tuer qui justifient la chasse aux yeux de beaucoup. Aux États-Unis, le succès de la chasse à l'ours, au loup ou au cerf ne faiblit pas. En Écosse, des chasseurs traquent le cerf mâle pour ses bois : un sport très profitable. Les femelles ne les intéressent nullement. En conséquence, les hardes sont déséquilibrées. Mais les chasseurs élèvent aussi du gibier dans des parcs pour le relâcher ensuite dans la nature afin de pouvoir le tirer. Cette sorte de chasse a souvent lieu dans de grands domaines où la nature est préservée.

Dans certaines parties du monde, la chasse aux animaux sauvages est une nécessité vitale, mais ce n'est pas le cas dans nos riches contrées d'Europe et d'Amérique du Nord. Il est difficile à un pauvre affamé de se préoccuper de l'extinction d'une espèce animale alors qu'il doit d'abord assurer sa propre survie. Mais des trafiquants ne résistent pas à l'appât du gain et profitent de la situation pour encourager le pillage de la nature. Tant que les consommateurs ne réaliseront pas le dommage ainsi causé à la nature pour satisfaire leurs moindres caprices, le monde sauvage continuera à être détruit.

◁ Il faut beaucoup d'habileté et de patience pour traquer le cerf et l'abattre avec un arc et des flèches. La chasse est un sport populaire qui semble répondre, chez certains, à un besoin primitif. Au Canada, l'ouverture de la chasse au gibier d'eau migrateur est impatiemment attendue par plus de 385 000 chasseurs. Une partie du montant du permis, qui coûte 10 dollars, est versée à un Fonds pour la protection de l'environnement.

Faits inquiétants

Les trois animaux dont il est question ci-dessous sont particulièrement touchés par le braconnage.

Léopard

La situation est peut-être moins grave qu'on ne le pensait. On compte plus de 700 000 léopards en Afrique, au sud du Sahara. Ils sont encore protégés, bien que la chasse soit permise dans certaines limites. Mais les conservateurs sont sceptiques.

Rhinocéros

Au nombre de 100 000 il y a 25 ans, les rhinocéros d'Afrique ne sont plus que 11 000. Ils disparaissent au rythme de un par jour.

Éléphant

Il reste 3 760 000 éléphants en Afrique. Ils étaient deux fois plus nombreux il y a dix ans. En 1986, les défenses de 89 000 éléphants ont été commercialisées illégalement.

▽ Une femelle colobe avec son petit. Ces primates africains sont abattus en grand nombre pour leur fourrure caractéristique.

Les pays suivants font un commerce intensif de produits d'origine animale pour l'industrie de luxe. Les animaux sont souvent tués dans d'autres pays.

Australie, Mozambique et Malawi

Les crocodiles et les alligators ne sont pas tous complètement protégés. De nombreuses espèces ont décliné rapidement. L'Australie voudrait pouvoir chasser le crocodile marin; le Malawi et le Mozambique souhaiteraient tirer profit des peaux, tant appréciées, des crocodiles du Nil.

Burundi

Ce pays africain a exporté 50 000 défenses en 1986. Or, il n'y a pas d'éléphants sur son territoire.

Canada

Des dizaines de milliers de phoques du Groenland ont été abattus pour leur fourrure sur la côte est du Canada. La CEE ayant interdit le commerce de certaines peaux de phoque, 12 000 animaux seulement sont maintenant tués annuellement, mais l'Association des chasseurs de phoques canadiens cherche de nouveaux débouchés.

Chine et Hong Kong

Un léopard longibande piégé en Chine est vendu illégalement et à un prix exorbitant à un restaurant de Hong Kong. L'animal est préparé d'une façon très particulière. Enfermé dans une cage, il est plongé dans l'eau et noyé. Il mijotera quatre heures avant d'être dégusté par quelque 14 gourmets orientaux.

États-Unis et Canada

Quelque 100 000 pièges à mâchoires métalliques sont posés chaque année aux États-Unis et au Canada.

États-Unis et Islande

En 1987, les États-Unis renoncèrent de nouveau à appliquer des sanctions économiques en matière de pêche à l'Islande qui continuait à chasser la baleine. Ce pays prétexte des buts scientifiques, mais, en fait, la viande est commercialisée. Les pays membres de la Commission baleinière internationale s'étaient mis d'accord pour interdire la chasse à la baleine, mais, l'Islande occupant une position stratégique pour la défense de l'Atlantique Nord, les priorités militaires ont pris le pas sur l'intérêt des cétacés.

France et Guyane française

Des peaux et carapaces d'animaux protégés comme le caïman, la tortue de mer ou les félins tachetés pénètrent illégalement en Guyane française, en provenance du Surinam et du Brésil, et, de là, sont lancées sur le marché international.

Grande-Bretagne, France, Seychelles et Surinam

Ces pays veulent légaliser le commerce des tortues marines d'élevage. La Grande-Bretagne a de telles fermes dans les îles Caïmans.

Grèce

Des taxes et des salaires peu élevés, une industrie touristique en plein essor se conjuguent pour rendre florissante l'industrie de la pelleterie. Rien que sur l'île de Rhodes, on trouve 200 magasins de fourrures.

Inde, Indonésie et Bangladesh

Ces trois pays fournissent la majeure partie des 11 000 tonnes de cuisses de grenouille commercialisées annuellement. L'Indonésie est le principal fournisseur de la CEE et le Bangladesh celui des États-Unis. L'Inde a pris la tête du peloton depuis qu'elle délivre des permis à ceux qui assomment électriquement les grenouilles avant de trancher les cuisses.

Japon

Depuis 1985, plus de 100 tonnes de peaux de caïman sont entrées illégalement au Japon. Ce pays a aussi importé des carapaces de carets, des peaux de crocodile marin et du musc d'Indonésie. Par ailleurs, il continue à chasser la baleine.

Malaisie

Bien que protégée, la vie sauvage est menacée par l'exploitation forestière et le commerce des aliments de luxe. Tortues et serpents seront réduits en consommés tandis que singes, écureuils volants, chauves-souris et cerfs seront servis accommodés de diverses façons.

Mexique

Les lois mexicaines ne parviennent pas à stopper le trafic des tortues, des peaux de caïmans et de félins et du corail noir tant les États-Unis sont demandeurs. Les animaux rares en provenance des Galapagos sont «blanchis» au Mexique avant de poursuivre leur route vers le Nord.

Zimbabwe

Ce pays africain a mis sur pied un nombre accru de patrouilles antibraconnage pour protéger ses 500 rhinocéros noirs. Un hélicoptère du WWF les aide à repérer les bandes organisées qui opèrent depuis les pays voisins.

Adresses utiles

Greenpeace

Organisation controversée car recourant au besoin à des actions musclées. Ses campagnes contre le massacre des baleines et des bébés-phoques ont eu un grand retentissement.

Belgique
Chaussée de Wavre, 335
B-1040 Bruxelles

Canada
2623, 4ᵉ avenue Ouest
Vancouver, C.-B.
V6K 1P8
(604) 736-0321

France
13, rue Maître Albert
F-75005 Paris
(43 25 91 37)

World Wildlife Fund

Le Fonds mondial pour la nature, dont le symbole est le panda géant, collecte l'argent nécessaire au soutien de projets de conservation dans le monde entier.

Belgique
Chaussée de Waterloo, 608
B-1060 Bruxelles

France
14, rue de la Cure
F-75016 Paris

Suisse
Rue du Mont-Blanc
CH-1196 Gland

Index

Origine des photographies:

Première page de couverture et page 10: Planet Earth;
pages 4, 5, 7, 13, 14, 15, 16, 17 (à droite), 18, 19 (en bas),
20, 21, 22 (médaillon), 26, 28 et dernière page de couverture: Bruce Coleman; pages 7 et 11: Lynx; pages 8 et 17:
Ardea; pages 9, 24 et 25: Robert Harding Library; pages 12
et 21: Survival Anglia; page 19 (en haut): Beauty Without
Cruelty; page 22: Magnum; page 27: Philip Chapman.

PRINTED IN BELGIUM BY

proost
INTERNATIONAL BOOK PRODUCTION